Stefanie Roediger-Streubel · Margit Schönberger

Zucchini & Tomate

Bassermann

Inhalt

Die Rezepte sind – soweit nichts anderes erwähnt – für 4 Personen berechnet.
Die Kalorien-/Joule-Angaben beziehen sich auf eine durchschnittliche Portion.

Warenkunde Zucchini

So kaufen Sie Zucchini richtig ein

Die schlanken, hellgesprenkelten Grünen, die in ihrem Äußeren eher der Gurke ähneln als ihrer Stammfamilie, den Kürbissen, sind ein problemloses Gemüse.

Zucchini sind heute das ganze Jahr über erhältlich, haben also immer Saison. Das drückt sich auch in relativ konstanten Marktpreisen aus. Die Hauptlieferanten unserer Märkte sind die Länder Italien, Spanien und Israel, in denen Zucchini knapp vor der Reife, also noch relativ klein, geerntet werden.

Beim Einkauf sollte man junge Zucchini bevorzugen, die noch eine relativ weiche Schale und ein festes Fruchtfleisch haben, in dem die Kerne fest verwachsen sind. In diesem Stadium sind sie ca. 15 cm lang und wiegen um die 200 g. Von der Farbe der Schale kann man die Qualität der Gemüsefrucht nicht ablesen, da sie je nach Anbaugebiet von hell- bis dunkelgrün reicht. Eine gelbliche Zucchinischale, die meist auf Druck hin nachgibt, ist allerdings ein Zeichen für eine schwammige, überalterte und zu lange gelagerte Frucht. Auch eine verschrumpelte Schale deutet auf Überlagerung und damit auf mindere Qualität hin. Das Fleisch solcher Früchte ist schwammig und schmeckt fade.

Längst werden Zucchini auch bei uns angebaut. Und auch da haben sie sich von ihrer besten Seite gezeigt. Unsere oft nasskalten Sommer können ihnen offenbar nichts anhaben; selbst dort, wo Kürbisse schon längst keine Lust mehr zeigen, wachsen die aus der Art geschlagenen botanischen Brüder in einem fast unkrautmäßigen Tempo und das auf anspruchslosesten Böden. Selbst gärtnerische Laien können beim Zucchini-Anbau nicht das Geringste falsch machen. Und die Ernte ist so reichlich, dass ein Tiefkühlgerät notwendig ist, um den sommerlichen Überschuss zu bewältigen.

Zucchini im Vorrat

Frische, junge Zucchini lassen sich problemlos 5 bis 8 Tage im Kühlschrank aufbewahren. Allerdings gilt auch hier, was für alle Obst- und Gemüsesorten gilt: Man sollte Zucchini möglichst bald nach der Ernte beziehungsweise dem Einkauf zubereiten, weil sie sonst eventuell an Ge-

schmack, auf jeden Fall jedoch an Vitaminen verlieren.
Zucchini lassen sich auch relativ unkompliziert einfrieren: Allerdings sollte man das nicht mit ganzen Früchten tun, sondern sie in Scheiben schneiden und vorher kurz blanchieren (also kurz mit heißem Wasser überbrühen). Zum Einfrieren von Zucchinigerichten eignen sich lediglich solche Speisen, die mit absolut frischen und jungen Zucchini zubereitet wurden, da größere Fruchtstücke beim Auftauen eventuell leicht glasig oder schwammig werden und dadurch ein erheblicher Geschmacksverlust eintritt.

Zucchini richtig vorbereiten

Es gibt kaum ein anderes Gemüse, das in der Küche so vielseitig verwendbar ist wie die Zucchini. Das weißlichgrüne Fruchtfleisch ist zwar in rohem Zustand geschmacklos, entwickelt jedoch beim Garen – egal ob blanchiert, gekocht, gedünstet, gegrillt oder gebacken – je nach Herkunft ein köstliches Aroma. Der feine, nussartige Zucchini-Eigengeschmack ist nicht „laut“, sondern von der vornehmen Zurückhaltung, die wirklich gute Sachen eben meistens an sich haben.

Die Verarbeitung der Zucchini ist denkbar unkompliziert.
Sie müssen, natürlich sauber gewaschen, lediglich von Stiel- und Blütenansätzen befreit werden. Schälen ist überflüssig, weil sonst das Fruchtfleisch beim Garen auseinanderfallen würde, außerdem wäre es eine geschmackliche und optische Sünde.

Sogar die großen, gelben Blütenglocken – von denen sich wohl der italienische Name ableitet (denn Zucchetto bedeutet Käppchen, und genau wie ein goldenes Käppchen sitzt die Blüte auf der Frucht) – sind gefüllt kulinarische Köstlichkeiten. Leider werden sie bei uns höchst selten angeboten.

Gefächerte Zucchini: Blütenansatz entfernen. Mit einem spitzen Messer zum Stielansatz hin in gleichmäßige Fächer teilen.

So gesund sind Zucchini

Frische, junge Zucchini gehören nach den Wintermonaten mit zu den ersten Gemüsefrüchten, die unseren gesteigerten Frischegelüsten – d. h. unserem Vitaminbedürfnis – zur Verfügung stehen. Zucchinigerichte sind deshalb ideal für eine Frühjahrsgemüsekur, auch deshalb, weil sie zu über 90 % aus Wasser bestehen und sehr kalorienarm sind.

Der nachfolgende Steckbrief weist die Zucchini als ideale Mineralstoff- und Vitaminlieferanten aus:

100 g Zucchini enthalten:

Nährwerte:	
kcal (Kilokalorien)	19
kJ (Joule)	79
Eiweiß (Protein)	1,6 g
Fett	0,4 g
Kohlenhydrate	2,2 g
Ballaststoffe	1,1 g
Wasser	93,0 g

Mineralstoffe:	
Kalium	200 mg
Calcium	30 mg
Phosphor	25 mg
Eisen	1,5 mg

Vitamine:	
A	58 µg
B1 (Thiamin)	0,05 mg
B2 (Riboflavin)	0,09 mg
Niacin	0,4 mg
C	16 mg

g = Gramm
mg = Milligramm = Tausendstelgramm
µg = Mikrogramm = 1 Millionstelgramm

Zucchini – die Alleskönnerin

Eine der hervorstechendsten Küchen-Eigenschaften der Zucchini ist ihre Anpassungsfähigkeit: Das Zucchinifleisch „schmiegt“ sich geschmacklich vollendet an die meisten Gewürze und Aromen an, ohne dabei seine Eigenständigkeit zu verlieren. Im Gegenteil, erst im Zusammenspiel mit Küchenkräutern wie Basilikum, Zitronenmelisse, Petersilie, Dill, Thymian, Gewürzen wie Muskatnuss, Cayennepfeffer, Curry, Paprika, Majoran oder Gewürzgemüsen wie Zwiebeln, Schalotten und Knoblauch entwickeln Zucchini ihr erstaunlich variantenreiches Eigenleben.

Salate

Es wäre absolut barbarisch, für Zucchini-Salate einfach die erstbesten Essig- oder Ölsorten zu verwenden. Die italienischen, französischen, griechischen und mexikanischen Zucchini-Köchinnen haben uns vorgemacht, welchen Zucchini-Esprit man mit erstklassigem Balsamico (eine italienische Balsamessigsorte), mit Knoblauch-, aber auch Mandel- oder Himbeeressig zaubern kann. Dasselbe gilt für Öle: Feinstes Olivenöl (extra vergine), Distel- oder Nussöl, aber auch eine Spezialität wie dunkles, steirisches Kernöl lassen Zucchini-Salate und -Vorspeisen zu ungeahnten Geschmacksformen auflaufen.

Für Salate: Zucchini erst in Fächer schneiden, dann die am Stielansatz noch zusammenhängenden Fächer in dünne Scheiben.

Mit anderen Gemüsen

Zucchini sind äußerst tiefgründig im Geschmack. Diese im Vergleich zu anderen Gemüsesorten seltene Eigenschaft hat eine sanfte Bescheidenheit zur Folge, die Zucchini zum idealen Partner macht. Es gibt kaum Gemüsesorten, die sich mit Zucchini nicht vertragen.

Fleisch

Zucchini eignen sich wunderbar für leichte Fleischgerichte, wie sie unsere südlichen Nachbarn bevorzugen. Das klassische Zürcher Kalbsgeschnetzelte kommt deshalb in diesem Buch in einer neuen Variante mit Zucchini vor. Sie werden die zurückgenommene Fleischportion nicht vermissen.

Fisch und Meeresfrüchte

Dass Zucchini besonders mit Fisch und Meeresfrüchten harmonieren, dürfte keinen mehr wundern. Sie bieten sich durch ihr dezentes Aroma und ihre Zurückhaltung geradezu als idealer Begleiter an. Viele Kräuter wie Dill, Thymian, Fenchel, Oregano eignen sich sowohl als Aromaten für Zucchini als auch für Fisch. Und zarte Zitronensäure, feines Olivenöl aus erster Pressung wie auch ein Quäntchen Sahne oder Crème fraîche tun beiden gut.

Die Zucchini-Rezepte

Zucchinisalat mit Joghurt-Dressing

Pro Portion ca. 90 kcal / 380 kJ

500 g Zucchini
1 Schalotte
2 kleine Knoblauchzehen

Für die Salatsauce
1 Becher Naturjoghurt
2 EL Öl
1 EL Zitronensaft
Salz | Pfeffer
1/2 Bd. Dill

Die Zucchini waschen, Enden abschneiden und die Zucchini mit dem Reibeeisen grob raffeln oder in feine Streifen schneiden.

Die Schalotte und Knoblauchzehen schälen und klein hacken.

Für die Salatsauce Joghurt, Öl und Zitronensaft sämig verrühren und mit Salz, Pfeffer und gehacktem Dill abschmecken.

Zucchini, Schalotte und Knoblauch in eine Schüssel geben, die Marinade hinzufügen und alles gut durchmischen.

Salat mit geräucherter Entenbrust und Mimolette

Pro Portion ca. 340 kcal / 1400 kJ

1 Bund Kerbel
5 Zucchini
3 EL weißer Balsamicoessig
8 EL Olivenöl
2 Prisen Zucker
Salz
Pfeffer
120 g Mimolette-Käse
150 g geräucherte Enten- oder Gänsebrust in Scheiben

Den Kerbel waschen und mit Küchenpapier trocken tupfen. Die Blättchen von den Zweigen zupfen. Die Zucchini waschen und die Enden abschneiden. Das restliche Fruchtfleisch mit einem Gemüsehobel in dünne Scheiben schneiden.

Essig, Olivenöl und Zucker verrühren und mit den Zucchinischeiben vermischen. Mit Salz und Pfeffer würzen, 20 Minuten ziehen lassen.

In der Zwischenzeit den Käse dünn hobeln und die Entenbrust in Streifen schneiden. Alle vorbereiteten Zutaten vermischen, auf Teller verteilen und sofort servieren.

Indischer Zucchini-Reis-Salat

Pro Portion ca. 340 kcal / 1400 kJ

500 g junge Zucchini
200 g Vollwertreis
Fruchtfleisch von 1/4 frischer Ananas
150 g gekochte oder gebratene Hähnchenbrust
Salz | Pfeffer
1–2 EL Mango Chutney
Curry
2 EL Essig
4 EL Öl

Die Zucchini waschen, Stielansatz und Spitze entfernen und mit dem Gurkenhobel in dünne Scheiben schneiden. Auf Küchenkrepp abtropfen lassen.

Reis in Salzwasser in ca. 45 Minuten körnig garen, mit kaltem Wasser abschrecken und abkühlen lassen.

Die Ananas schälen und 1/4 des Fruchtfleisches in kleine Würfel schneiden. Die Hähnchenbrust häuten und das Fleisch ebenfalls klein würfeln.

Zucchinischeiben, Ananas- und Hühnerfleischstückchen zusammen mit dem inzwischen abgekühlten Reis in eine Schüssel geben, mit Salz, Pfeffer, Mango-Chutney und Curry abschmecken und alles gut durchmischen.

Aus Essig und Öl eine sämige Marinade zubereiten und über die Zutaten geben. Alles gut vermischen und vor dem Servieren 15 bis 20 Minuten ziehen lassen.

Tsatsiki mit Zucchini

Pro Portion ca. 280 kcal / 1200 kJ

350 g Magerquark
2 Becher Naturjoghurt
5 kleine junge Zucchini
4–5 Knoblauchzehen (je nach Geschmack)
Salz | Pfeffer
1 EL Essig
3–4 EL Olivenöl
2–3 EL süße Sahne
1 Zweig frische Minze

Ein sauberes Geschirrhandtuch in ein Sieb legen, den Quark zusammen mit dem Joghurt in ein Sieb geben und etwa 1 Stunde abtropfen lassen.

Zucchini waschen, die Spitzen abschneiden und ganz nach Belieben eventuell schälen. Mit einem Reibeeisen grob raffeln, in ein Sieb geben und abtropfen lassen.

Die Knoblauchzehen schälen – falls keine Knoblauchpresse vorhanden ist – klein hacken und mit der Messerbreitseite zerdrücken.

Quark, Joghurt, Zucchini und Knoblauch in einer Schüssel gut durchmischen.

Das Tsatsiki salzen, pfeffern und mit Essig und Öl verrühren. Zum Schluss 2 bis 3 Esslöffel süße Sahne unterziehen.

Etwa 1 Stunde ziehen lassen und vor dem Servieren nochmals abschmecken. Mit abgezupften Minzeblättchen garnieren.

Spanische Zucchinisuppe

Pro Portion ca. 320 kcal / 1300 kJ

750 g Zucchini | 2 Schalotten
3 Knoblauchzehen | 2–3 EL Olivenöl
250 ml Hühnerbrühe | 125 ml frische Sahne
2 EL Sherry dry | Muskatnuss
Salz | weißer Pfeffer
2 Scheiben Toastbrot | Butter

Die Zucchini waschen und abtrocknen. Die Blüten- und Stielansätze entfernen und die Zucchini in kleine Würfel schneiden.

Die Schalotten schälen und klein hacken.

Die Knoblauchzehen schälen und durch die Knoblauchpresse drücken.

Das Öl in einer Kasserolle erhitzen und die Zucchini zusammen mit den Schalotten und dem Knoblauch bei schwacher Hitze unter ständigem Rühren (die Zutaten dürfen nicht braun werden) leicht andünsten.

Die Hühnerbrühe zugießen und alles gut umrühren. Die Suppe zugedeckt bei schwacher Hitze etwa 10 Minuten garen.

Danach die Suppe pürieren, in eine Kasserolle geben, mit Sahne und Sherry verfeinern, gut umrühren und weitere 5 Minuten bei schwacher Hitze erwärmen. Mit Muskat, Salz und Pfeffer abschmecken.

Das Toastbrot würfeln und in Butter braun rösten.

Die Suppe in Teller verteilen und die gerösteten Brotwürfel darüberstreuen.

Zucchini-Fisch-Eintopf

Pro Portion ca. 270 kcal / 1100 kJ

4 große Kartoffeln
4 Rotbarschfilets
Saft von 1/2 Zitrone
4 junge, kleine Zucchini
2 Schalotten
1 Bd. Petersilie
etwa 50 g Butter
weißer Pfeffer
Salz

Die Kartoffeln waschen und gar kochen. Nach dem Abgießen schälen und in große Würfel schneiden.

In der Zwischenzeit den Fisch unter fließend kaltem Wasser waschen, mit Küchenkrepp trocken tupfen, in breite Streifen schneiden und mit Zitronensaft beträufeln.

Die Zucchini waschen, Blüten- und Stielansatz entfernen und in etwa 1/2 cm dicke Scheiben schneiden. Die Schalotten schälen und klein hacken, Petersilie waschen, grobe Stiele entfernen, trocken tupfen und grob hacken.

Butter in einem Topf zerlassen und die Zucchini und Schalotten darin etwa 5 Minuten anbraten. Den Fisch und die Kartoffeln hinzufügen, alles gut umrühren und mit Pfeffer, Salz und Petersilie würzen. Weitere 5 Minuten garen und den Eintopf sofort servieren.

Zucchinisuppe mit Lachs

Pro Portion ca. 360 kcal / 1500 kJ

4–6 mittelgroße Zucchini
2 EL Butter
500 ml Gemüsebrühe
Salz | weißer Pfeffer
1 EL Zitronensaft
200 g Sahne
1–2 EL Crème fraîche
2–3 Stängel frischen Dill
1 Scheibe roher Lachs (ca. 150 g)

Die Zucchini schälen, dabei Blüten- und Stielansatz entfernen, die Zucchini längs halbieren, das Kerngehäuse mit einem Esslöffel sorgfältig entfernen und die Zucchinihälften in Würfel schneiden.

Butter in einem Topf erhitzen und die Zucchiniwürfel darin andämpfen. Die Gemüsebrühe aufgießen, mit Salz, weißem Pfeffer und einem Schuss Zitronensaft abschmecken. Sahne und Crème fraîche unterrühren, kurz aufkochen lassen und die Suppe anschließend im Mixer pürieren.

Den Dill waschen, grobe Stiele entfernen und abtrocknen.

Den rohen Lachs auf vier Suppenteller verteilen, die pürierte Suppe darübergießen und mit Dill garnieren. Sofort servieren.

Zucchini-Tomaten-Curry

Pro Portion ca. 200 kcal/840 kJ

750 g kleine Zucchini
3 Schalotten
2 Knoblauchzehen
400 g italienische Eiertomaten
2–3 EL Sonnenblumenöl
1–2 TL Curry
250 ml trockener Weißwein
2 EL Instant-Gemüsebrühe (oder 1 Würfel)
Mangosauce
abgeriebene Schale einer unbehandelten Zitrone

Die Zucchini waschen, Enden entfernen und in kleine Würfel schneiden. Die Schalotten und Knoblauchzehen schälen und fein hacken.

Die Tomaten kreuzweise einschneiden, kurz in kochendes Wasser tauchen, enthäuten, den grünen Stielansatz entfernen und das Fruchtfleisch in große Würfel schneiden.

Öl in einer Pfanne erhitzen und die Zucchini, Schalotten und den Knoblauch darin goldgelb anbraten.

Den Curry darüber streuen, kurz umrühren, den Wein angießen und unter ständigem Rühren den Curry auflösen. Instant-Gemüsebrühe hinzufügen und das Gericht in etwa 10 Minuten dünsten.

Anschließend die Tomatenwürfel hinzugeben und bei schwacher Hitze weitere 5 Minuten garen. Mit Mangosauce und der abgeriebenen Zitronenschale abschmecken.

Tipp Reichen Sie dazu körnig gekochten Reis und in einer Schale fruchtiges Chutney.

Zucchini-Spinat-Omelett

Pro Portion ca. 200 kcal/860 kJ

500 g junger Blattspinat
4 kleine Zucchini
2 Schalotten
1 Bd. Petersilie
6 Basilikumblättchen
2 Salbeiblättchen | 6 Eier
Salz | Pfeffer
Olivenöl

Den Spinat sorgfältig säubern und mehrmals in kaltem Wasser waschen. Die Blätter tropfnass in eine Kasserolle geben, eventuell mit etwas Butter, und zugedeckt bei mittlerer Hitze dünsten, bis die Spinatblätter zusammenfallen. Anschließend den Spinat herausnehmen, abkühlen lassen, gut ausdrücken und klein hacken.

Die Zucchini waschen, Blüten- und Stielansätze entfernen und die Zucchini in dünne Scheiben schneiden.

Die Schalotten schälen und klein hacken, Kräuter waschen, die groben Stiele bei der Petersilie entfernen und alles klein hacken.

Die Eier in einer großen Schüssel verquirlen, Zucchini, Spinat, Schalotten und Kräuter hinzufügen und alles gut vermischen. Mit Salz und Pfeffer abschmecken.

In einer großen Pfanne genügend Öl erhitzen, den Gemüseteig hineingeben und so lange rühren, bis die Eiermasse zu stocken beginnt. Pfanne zudecken und das Omelett bei geringer Hitze fertig backen. Die Pfanne immer wieder schütteln, damit das Omelett nicht anbäckt. Die Oberseite sollte noch etwas feucht sein.

Auf einer Platte anrichten und vor dem Servieren in vier gleich große Dreiecke teilen.

Zucchini-Crêpes

ergibt 6 Crêpes, pro Portion ca. 340 kcal / 1400 kJ

4–6 kleine, junge Zucchini
Butter zum Ausbacken
1 Schalotte
Muskat
Pfeffer | Salz

Für den Crêpe-Teig
2 EL Butter
4 Eier
125 ml Milch
100 g Mehl
1 Msp. Oregano
Salz

Für die Joghurtsauce
1 Becher Naturjoghurt
Saft 1/2 Zitrone
1 TL Öl
Salz | weißer Pfeffer
2 EL fein gehackte frische Kräuter

Zuerst den Crêpe-Teig zubereiten. Dafür Butter bei schwacher Hitze zerlassen, sie darf nicht braun werden. Alle weiteren Zutaten zu einem flüssigen Teig vermengen, zum Schluss die zerlassene Butter unterrühren und den Teig 45 Minuten ruhen lassen.

Die Zucchini waschen, Blüten- und Stielansätze entfernen und die Zucchini grob raffeln. In ein Sieb geben und gut abtropfen lassen.

In der Zwischenzeit die Joghurtsauce zubereiten: Joghurt, Zitronensaft und Öl mischen, mit Salz und weißem Pfeffer abschmecken und zum Schluss die Kräuter unterrühren.

Den Backofen auf 50 °C erhitzen und eine ausreichend große Platte für die Crêpes darin erwärmen.

Butter in einer Pfanne erhitzen und aus dem Teig nacheinander 6 dünne Crêpes ausbacken. Im Backofen warmhalten.

Die Schalotte schälen und fein hacken. Etwas Butter in einer Pfanne erhitzen und die Zucchini mit der Schalotte leicht andünsten, mit Muskat, Pfeffer und Salz würzen.

Die Crêpes aus dem Rohr nehmen, mit den gedünsteten Zucchini und etwas Joghurtsauce füllen, zusammenklappen und sofort servieren. Die restliche Joghurtsauce dazu reichen.

Zucchini mit Parmesanfüllung | Foto Seite 12

Pro Portion ca. 190 kcal/800 kJ

4 mittelgroße Zucchini | 1 kleine Schalotte
2 EL Butter | 40 g Semmelbrösel
1 Ei
50 g Parmesan
1 Msp. frisch geriebene Muskatnuss
Salz | Pfeffer
1–2 Tropfen Bittermandelöl
2 kleine junge Zucchini zum Verzieren

Die Zucchini waschen, der Länge nach halbieren und kurz in siedendem Wasser blanchieren. Das Innere entfernen und etwas Fruchtfleisch für die Füllung herausschaben. Die Zucchinihälften leicht salzen, mit der Schnittfläche nach unten auf zwei Lagen Küchenkrepp legen und abtropfen lassen.

Die Schalotte schälen und fein hacken. Etwas von der Butter in eine Pfanne geben und die Schalotte bei schwacher Hitze goldgelb andünsten. Die Semmelbrösel dazugeben und bei schwacher Hitze goldgelb rösten.

Das Fruchtfleisch der Zucchini mit den gerösteten Semmelbröseln und der Schalotte in eine Schüssel geben und verrühren. Ei und Parmesan hinzufügen und alles gut vermischen. Es sollte eine feste Masse entstehen, bei Bedarf noch etwas Semmelbrösel zum Binden unterrühren. Mit Muskatnuss, Pfeffer und Salz würzen und mit 1 bis 2 Tropfen Bittermandelöl verfeinern.

Die Zucchinihälften mit der Zucchinimasse füllen und 2 bis 3 Butterflöckchen auf der Fülle verteilen. Mit fein geschnittenen Zucchinischeiben verzieren. Eine Auflaufform mit der restlichen Butter einfetten, die gefüllten Zucchini hineinlegen und auf die Mittelschiene in den auf 200 °C vorgeheizten Backofen geben. Etwa 20 bis 30 Minuten garen. Vor dem Servieren etwas abkühlen lassen.

Spaghetti mit grüner Sauce

Pro Portion ca. 580 kcal/2400 kJ

6 kleine Zucchini
1 Knoblauchzehe
2 EL Olivenöl
Salz | Pfeffer
1 Bd. Petersilie
500 g Spaghetti
frisch geriebener Parmesan

Die Zucchini waschen, Blüten- und Stielansätze entfernen und die Früchte in kleine Würfel schneiden.

Die Knoblauchzehe schälen und klein hacken.

Olivenöl in einer Pfanne erhitzen, den Knoblauch kurz andünsten, die Zucchini hinzufügen und von allen Seiten goldbraun anbraten. Das Gemüse mit Salz und Pfeffer würzen und warmstellen.

Die Petersilie waschen, harte Stiele entfernen und grob hacken.

Die Spaghetti in Salzwasser al dente kochen – in das Salzwasser gibt man einen Schuss Öl, damit die Nudeln nicht verkleben – abgießen und in eine vorgewärmte Schüssel geben.

Die gebratenen Zucchini unter die Spaghetti mischen und mit Petersilie und Parmesan bestreuen. Sofort servieren.

Conchiglie mit Pilzgemüse

Pro Portion ca. 620 kcal/2600 kJ

4 kleine Zucchini | 2 kleine Auberginen
150 g frische Egerlinge
1 Bd. Petersilie | 1 Knoblauchzehe
3–4 EL Olivenöl | 2 TL Oregano
Salz | Pfeffer
500 g Conchiglie (muschelförmige Nudeln)
frisch geriebener Parmesan

Zucchini und Auberginen waschen, die Stielenden abschneiden, das Gemüse in etwa 1/2 cm dicke Scheiben schneiden, mit Salz bestreuen und etwa 20 Minuten ziehen lassen.

In der Zwischenzeit die Egerlinge putzen, waschen, mit Küchenkrepp sorgfältig trocken tupfen und in dünne Scheiben schneiden. Die Zucchini und Auberginen sorgfältig trocken tupfen.

Die Petersilie waschen, grobe Stiele entfernen und klein hacken. Die Knoblauchzehe schälen, – falls keine Knoblauchpresse vorhanden ist – klein hacken und mit der Messerbreitseite zerdrücken.

Olivenöl in einer Pfanne erhitzen, Knoblauch und Petersilie kurz andünsten, danach die Zucchini-, Auberginen- und Pilzscheiben hinzufügen. Kurz anbraten, mit Oregano, Salz und Pfeffer würzen und bei schwacher Hitze unter Umrühren langsam garen.

Die Nudeln mit einem Schuss Öl in Salzwasser al dente kochen.

Das Gemüse nochmals abschmecken, zusammen mit den abgegossenen, gut abgetropften Nudeln in eine vorgewärmte Schüssel geben, miteinander mischen und mit Parmesan servieren.

Ratatouille à la Provence

Pro Portion ca. 800 kcal / 3400 kJ

750 g Fleischtomaten
2 große Zwiebeln
2–3 Knoblauchzehen
Je ein Zweig Thymian, Majoran, Rosmarin
1 Lorbeerblatt
250 ml Olivenöl
250 ml trockener Weißwein
250 ml Tomatensaft
Salz
schwarzer Pfeffer
3 rote Paprikaschoten
750 g kleine Zucchini
750 g Auberginen

Die Tomaten kreuzweise einschneiden, kurz in kochendes Wasser tauchen, enthäuten, den grünen Stielansatz entfernen und in Achtel schneiden.

Zwiebeln und Knoblauchzehen schälen und fein hacken. Kräuter und Lorbeerblatt mit Zwirn zusammenbinden, waschen und trocken tupfen.

Die Hälfte des Olivenöls in einer Pfanne erhitzen. Zwiebeln und Knoblauch darin glasig andünsten, mit einen Schuss Weißwein ablöschen. Tomaten und Tomatensaft unterrühren. Salzen, pfeffern, gut umrühren und zum Schluss die zusammengebundenen Kräuter hinzufügen. Sauce zugedeckt bei schwacher Hitze ca. 45 Minuten ganz sanft köcheln lassen.

In der Zwischenzeit Paprikaschoten auf der mittleren Schiene im Ofen bei ca. 250 °C so lange rösten, bis die Haut eine dunkle Färbung annimmt und Blasen wirft. Aus dem Ofen nehmen, in ein nasses Tuch einschlagen und etwas abkühlen lassen. Nun kann die Haut problemlos mit einem Messer abgezogen werden. Stielansatz, Rippen und Kerngehäuse entfernen und das Fruchtfleisch in kleine Stücke schneiden. In ein Sieb geben, etwas salzen und abtropfen lassen. Zum Schluss trocken tupfen.

Die Zucchini und Auberginen waschen, Blüten- und Stielansätze entfernen und in ca. 1 cm dicke Scheiben schneiden. Das restliche Öl in eine große Kasserolle geben und leicht erhitzen. Zucchini, Auberginen und Paprika hinzufügen, den restlichen Wein angießen, das Gemüse gut mischen und zugedeckt bei schwacher Hitze ca. 60 Minuten garen.

Anschließend die Tomatensauce dazugeben, alle gut mischen und nochmals mit Salz und Pfeffer abschmecken.

Tipp Die Ratatouille schmeckt sowohl heiß als auch kalt. Als Beilage genügt knuspriges Baguette, und als Wein bietet sich ein leichter Rosé oder roter Landwein an.

Zucchini-Quiche

Pro Portion ca. 760 kcal/3200 kJ

Für die Füllung
250 g Schalotten
750 g junge feste Zucchini
2 EL Öl
250 ml saure Sahne
2 Eier
150 g geriebener Emmentaler
1 Msp. geriebene Muskatnuss
Salz
schwarzer Pfeffer

Für den Teig
300 g Mehl
200 g kalte Butter
1 Prise Salz
1 Ei

Für den Mürbeteig das Mehl auf eine Arbeitsplatte sieben und in der Mitte eine Mulde formen. Die kalte Butter in kleinen Stückchen in die Mulde geben, Salz und das Ei hinzufügen. Die Zutaten mit einem großen Küchenmesser durchhacken, bis alles feinkrümelig ist. Dann mit den Händen rasch zu einem festen Teig kneten und zu einer Kugel formen. In Klarsichtfolie wickeln und im Kühlschrank 1 bis 2 Stunden ruhen lassen.

In der Zwischenzeit die Schalotten schälen und in nicht zu dünne Ringe schneiden. Die Zucchini waschen, Blüten- und Stielansätze entfernen und in ebenfalls nicht zu dünne Scheiben schneiden.

Das Öl in der Pfanne erhitzen, Schalotten und Zucchini unter ständigem Rühren leicht anbraten. Das Gemüse auf mehrere Lagen Küchenkrepp geben, damit das überschüssige Öl aufgesaugt wird. Abkühlen lassen.

Die Sahne mit den Eiern und dem geriebenen Emmentaler verrühren, mit Salz, frisch geriebener Muskatnuss und frisch gemahlenem Pfeffer abschmecken.

Den Mürbeteig ca. 3 mm dick ausrollen und eine gefettete Spring- oder Quicheform von 30 cm Durchmesser damit auslegen, dabei den Teig etwa 2 cm hochziehen und mit dem Daumen fest an den Rand der Form drücken. Teigboden mehrmals mit einer Gabel einstechen.

Zucchini auf dem Teigboden gleichmäßig verteilen und die Ei-Käse-Masse darübergeben.

Die Quiche auf der mittleren Schiene in den vorgeheizten Backofen (200 °C) geben und etwa 45 Minuten backen.

Zucchini mit Schinkenfüllung

Pro Portion ca. 240 kcal / 1000 kJ

4 mittelgroße Zucchini
100 g gekochter Schinken
1 Bd. gemischte frische Kräuter
Salz | schwarzer Pfeffer
1 Kugel Mozzarella
Basilikum zum Garnieren

Die Zucchini waschen, Blüten- und Stielansätze entfernen und die Zucchini längs halbieren. Das Kerngehäuse entfernen und etwas Fruchtfleisch für die Füllung herausschaben.

Den Schinken in Streifen schneiden und feinwiegen.

Kräuterbund waschen, grobe Stiele entfernen und fein hacken.

Zucchini-Fruchtfleisch mit Schinken und Kräutern mischen und mit Salz und Pfeffer würzen.

Den Mozzarella abtropfen lassen und in Würfel schneiden.

Die Zucchinihälften mit der vorbereiteten Farce füllen und mit Mozzarella bestreuen, abschließend mit frisch gemahlenem, schwarzem Pfeffer würzen.

Die Zucchinihälften auf ein Backblech geben und in den vorgeheizten Backofen (180 °C) schieben. Etwa 15 Minuten (bis der Käse geschmolzen ist) backen.

Mit frischen Basilikumblättern garniert sofort servieren.

Gefüllte Zucchiniblüten alla Margit

Pro Portion ca. 200 kcal / 840 kJ

150 g junger Blattspinat
200 g gekochtes Hühnerbrustfleisch
6–8 Basilikumblättchen
4 EL geriebener Parmesan
1 Ei
Salz | Pfeffer
12 Zucchiniblüten
2 nussgroße Stück Butter
250 ml Hühnerbrühe
1 EL Tomatenmark

Den Spinat sorgfältig verlesen, grobe Stiele entfernen und unter fließendem kalten Wasser säubern. Die Blätter tropfnass, eventuell mit etwas Butter, in einen Topf geben und zugedeckt bei mittlerer Hitze dünsten, bis die Spinatblätter zusammenfallen. Anschließend den Spinat herausnehmen, abkühlen lassen, gut ausdrücken und sehr fein hacken.

Das ausgelöste Hühnerbrustfleisch enthäuten und ebenfalls sehr fein schneiden. Basilikumblätter waschen, mit Küchenkrepp trocken tupfen und klein hacken. Spinat und Hühnerfleisch mit Parmesan, Ei und Basilikum vermischen, mit Salz und Pfeffer abschmecken.

Die Stängel der Zucchiniblüten vorsichtig entfernen, mit der Spinatmasse füllen und an den Blütenspitzen sorgfältig mit Heftfaden zusammenbinden.

Backofen auf 200 °C vorheizen. Auflaufform mit Butter ausstreichen, gefüllte Blüten hineingeben und die Hühnerbrühe dazugießen. Butterflöckchen auf den Blüten verteilen.

Die Auflaufform in den vorgeheizten Herd schieben, nach etwa 5 bis 10 Minuten auf 180 °C herunterschalten und die Blüten weitere 15 Minuten garen. Vor dem Servieren das Tomatenmark mit der entstandenen Sauce verrühren.

Kalbfleisch-Geschnetzeltes mit Zucchini

Pro Portion ca. 330 kcal / 1400 kJ

700 g Kalbsschnitzel
1 EL Mehl
2 EL Butterschmalz
Salz
weißer Pfeffer
Rosmarin
1 TL Zitronensaft
700 g Zucchini
125 ml Sahne

Das Kalbfleisch, wenn notwendig, mit Küchenkrepp trocken tupfen und in feine Streifen schneiden. Mit wenig Mehl überstäuben.

Butterschmalz in der Pfanne erhitzen und das Fleisch unter ständigem Wenden darin anbraten. Mit frisch gemahlenem weißen Pfeffer, Salz, Rosmarin und Zitronensaft würzen.

Die Zucchini waschen, Blüten- und Stielansätze entfernen, mit einem Küchenhandtuch sorgfältig trocken reiben und anschließend fein stifteln.

Die gestiftelten Zucchini unter das angebratene Fleisch rühren, die Sahne zugießen, alles gut umrühren und zugedeckt bei mittlerer Hitze 10 bis 15 Minuten garen.
Sofort mit Reis oder – nach Schweizer Art – mit Rösti servieren.

Griechische Zucchini mit Lammfüllung

Pro Portion ca. 510 kcal/2100 kJ

4 mittelgroße Zucchini
1 EL Zitronensaft
$^1/_2$ Bd. Petersilie
300 g Lammhackfleisch
200 g griechischer Schafskäse
1 Eigelb
1 Eiweiß
Salz
Pfeffer
1 nussgroßes Stück Butter
125– 250 ml Fleisch- oder Gemüsebrühe
je 1 Dill- und Minzezweig

Die Zucchini waschen, Blüten- und Stielansatz entfernen, der Länge nach halbieren und die Kerngehäuse entfernen. Die Zucchinihälften mit etwas Zitronensaft beträufeln.

Petersilie waschen, grobe Stiele entfernen und klein hacken.

Hackfleisch, Schafskäse und Eigelb gut vermischen, Petersilie zugeben und mit Salz und frisch gemahlenem Pfeffer abschmecken.

Das Eiweiß steif schlagen und unter die Fleischmasse ziehen.

Den Backofen auf 180 °C vorheizen, die Auflaufform ausbuttern.

Die Zucchinihälften mit der Fleischmasse füllen, in die eingefettete Auflaufform geben, die Brühe dazugießen und im Backofen auf der mittleren Schiene backen. Mit Dill und Minze garnieren und sofort servieren.

Geschmorte Zucchini mit Tomaten und Speck

Pro Portion ca. 420 kcal / 1750 kJ

750 g Zucchini
500 g Fleischtomaten
3 Schalotten
2–3 Knoblauchzehen (nach Geschmack)
250 g magerer Speck
1 Bd. Petersilie
1 EL Olivenöl
Salz | Pfeffer

Die Zucchini waschen, mit Küchenkrepp abtrocknen, die Enden entfernen und in große Würfel schneiden.

Die Tomaten kreuzweise einschneiden, kurz in kochendes Wasser tauchen, enthäuten, den grünen Stielansatz entfernen und das Fruchtfleisch in große Stücke schneiden.

Die Schalotten und Knoblauchzehen schälen und fein hacken, Speck klein würfeln.

Die Petersilie waschen, trocken tupfen, die groben Stiele entfernen und klein hacken.

In einer Pfanne Olivenöl erhitzen und den Speck darin anbraten. Schalotten, Knoblauch und Petersilie hinzufügen, alles gut vermischen und etwa 15 Minuten bei mittlerer Hitze garen.

Zucchini und Tomaten hinzugeben, mit Salz und frisch gemahlenem Pfeffer abschmecken. Das Gemüse gut umrühren und bei mittlerer Hitze weitere 15 Minuten dünsten.

Zusammen mit frischem Weißbrot heiß servieren.

Zucchini-Schinken-Pfanne

Pro Portion: ca. 340 kcal/1400 kJ

2 kleine Zucchini
250 g gekochter Schinken (am Stück)
3 Schalotten
2 EL Sonnenblumenöl
Salz | Pfeffer
je 1/2 Bd. Basilikum, Oregano, Petersilie
200 ml süße Sahne
1 EL mittelscharfer Senf

Die Zucchini waschen, Blüten- und Stielansatz entfernen und in Scheiben schneiden.

Den Schinken in Würfel schneiden, die Schalotten schälen und klein hacken.

Sonnenblumenöl in einer Pfanne erhitzen, die Schalotten kurz anbraten, Schinken und Zucchini hinzufügen, mit Salz und Pfeffer würzen, gut umrühren und etwa 5 Minuten anbraten.

Die Kräuter waschen, grobe Stiele entfernen und klein hacken.

Die Sahne mit dem Senf verrühren und zusammen mit den Kräutern in die Pfanne geben, alles gut vermischen und nur ganz kurz aufkochen lassen. Mit frisch getoastetem Brot servieren.

Warenkunde Tomaten

Von der Vielfalt der Sorten

Emsigen Bemühungen von Züchtern verdanken wir, dass wir auf ein so reichhaltiges Angebot zurückgreifen können. Sie kultivierten eine beachtliche Palette von Tomatengewächsen mit dem Erfolg, dass wir Tomaten rund ums Jahr frisch vom Feld oder aus dem Glashaus preiswert kaufen können. Im Winter von den Kanarischen Inseln. Im Frühjahr aus Marokko. Im Sommer aus Deutschland. Im Herbst aus Spanien, Süditalien und Griechenland. Dazwischen bieten Holland und Belgien auch Treibhausware an. Trotz eifriger Bemühungen, diesen „Unter-Glas-Früchten" das vollmundige Freilandaroma anzuzüchten, ist das Ergebnis bisher noch nicht ganz zufriedenstellend.

Runde Tomaten: Sie sind die typischen deutschen Freilandtomaten mit herrlich saftig-säuerlichem Geschmack. Kommen aber auch aus Treibhäusern. Wenn sie dort lange am Stamm gehalten werden und reichlich Sonne abbekommen, ist auch ihre Qualität hervorragend. Doch häufig wird die Treibhausware schon geerntet, wenn sie noch grün ist, damit sie ordentlich sortiert, verpackt und transportiert werden kann. Mit der Zeit färben sich allerdings auch diese Früchte rot, aber das vollmundige Tomatenaroma kann sich nicht mehr entwickeln.

Fleischtomaten: Stattlich groß (bis zu 500 g schwer) können sie prall oder stark gerippt sein. Die runden schmecken leicht mehlig-süßlich und eignen sich gut zum Füllen. Die gerippten sind auch süßlich, aber saftiger und frischer im Geschmack. Für Salate bestens geeignet.

Kirsch- oder Cocktailtomaten: Diese kirschgroßen Babytomaten sind sehr in Mode als dekorativer Blickfang in der kalten Küche und auf dem Party-Buffet. Sie schmecken süßlich-aromatisch und sehr intensiv. Je nach Sorte kann ihre Haut hauchdünn bis ledrig-fest sein.

Flaschen- oder Eiertomaten: Sie kommen hauptsächlich aus Süditalien und sind die idealen Saucen- und Suppentomaten. Ihr sehr intensives Aroma verliert sich auch nicht beim Kochen. Sie haben eine längliche Form und sind besonders fest. Diese Sorte wird auch als Konserve angeboten.

Gelbe Tomaten: Die Urahnin ist wieder im Kommen. Vorerst noch ein geringes Angebot aus Holland und von einigen experimentierfreudigen hiesigen Gärtnereien. Sie ist milder und zarter im Geschmack als ihre roten Schwestern.

Grüne Tomaten: Sie galten früher als ungenießbar, weil sie, wie alle Tomaten, den giftigen Stoff Solanin vermehrt enthielten. Die heutigen Züchtungen sind solaninfrei. Grüne Tomaten lässt man am Strauch nicht mehr ausreifen. Sie werden vorwiegend gegen Ende der Tomatensaison in Deutschland angeboten und eignen sich gut zum Einlegen, für Chutneys und andere pikante Würzsaucen, als pikantes Kompott oder Marmelade.

So kaufen Sie Tomaten richtig ein

Dick gerippt und fleischig, länglich schlank und kugelrund. Klein wie eine Kirsche, groß wie eine Männerfaust. Rot, grün, gelb – so locken Tomaten auf Märkten und in Gemüseläden. Aber was schön aussieht, muss nicht auch gut schmecken. Prüfen Sie deshalb vor dem Einkauf:
Die Früchte sollen reif, aber nicht weich sein. Das Fruchtfleisch soll dick und eher mürb und nicht blässlich, wässrig-fad aussehen. Fleischtomaten dürfen ruhig ein paar grüne Bäckchen haben oder etwas aufgeplatzt sein. Das sind Zeichen, dass sie den Wechselbädern der Natur ausgesetzt waren, also vom Freiland kommen. Handelsklassen beurteilen in erster Linie die äußere Erscheinung und nehmen leider wenig Rücksicht auf die inneren Werte. Das hatte früher, als noch andere Düngeverfahren angewendet wurden, durchaus seine Berechtigung. Heute sollten Sie deshalb nicht nur mit den Augen einkaufen, sondern vor allem mit der Nase. Riechen Sie an den Früchten (wenn auch der Händler protestiert). Kommt Ihnen der typisch herbe, aromatische Tomatenduft entgegen, dann handelt es sich um beste Qualität, die auch köstlich schmeckt.

Tomaten im Vorrat

Kälte mögen sie gar nicht. Deshalb gehören Tomaten auch nicht in den Kühlschrank. Dort verlieren sie sofort ihr Aroma. Allerdings: bei Zimmertemperatur reifen sie zu schnell nach, werden weich und beginnen zu faulen. Kaufen Sie deshalb immer nur die Mengen, die Sie auch relativ schnell verbrauchen. Und legen Sie die Tomaten dann bei etwa 14 °C (Speisekammer oder Vorratsraum) in einen Brot- oder Obstkorb. Sind die Tomaten noch sehr grün oder blass, legen Sie sie zum Nachreifen in die Sonne – am besten auf die Fensterbank.

Wichtig: Tomaten immer separat halten, also nicht mit anderem Gemüse zusammenlegen. Alle Tomaten geben einen Stoff ab, der den Stoffwechsel der anderen Gemüse beschleunigt, so dass sie schneller verderben. Möhren werden z. B. bitter, Blumenkohl vertrocknet, Gurken vergilben, Kräuter welken.
Bei Tomatenschwemmen bzw. Sonderangeboten empfiehlt es sich, einen Vorrat einzufrieren:

Als Stücke: gehäutet, entkernt und gewürfelt roh einfrieren. Für Suppen und Saucen.

Als Püree: grob zerteilte Früchte im eigenen Saft kochen, bis sie zerfallen sind, durch ein Sieb passieren und – entweder in Eiswürfelbehälter oder in TK-Boxen – einfrieren. Für Suppen, Saucen und als Würze.

Tomaten richtig vorbereiten

Ob Sie Tomaten für den Salat abziehen, ist Geschmackssache. Solange die Früchte eine feste glatte und dünne Haut haben, ist es eigentlich nicht nötig, es sei denn, Sie vertragen sie nicht. Werden Tomaten jedoch gekocht, geschmort, gegrillt oder gebraten, löst sich in der Hitze die Haut und rollt sich zu unangenehmen pieksenden Röhrchen auf. Für manche ist die Tomatenhaut auch nicht verträglich. Deshalb ist das Enthäuten zu empfehlen (siehe Phasenfotos rechts). Das ist einfach und geht schnell: Die Tomaten mit kochendem Wasser übergießen und ziehen lassen:

Kirschtomaten	30 bis 40 Sekunden
runde Tomaten	1 1/2 bis 2 Minuten
Fleischtomaten	2 bis 3 Minuten
gelbe Tomaten	1 bis 1 1/2 Minuten

Danach in Eiswasser abschrecken – das erhält gleichzeitig ihre schöne Farbe. Die Haut lässt sich nun mühelos abziehen. Dabei gleich auch den Blütenstielansatz, der das giftige Solanin enthält, kegelförmig herausschneiden. Je nach Rezept lassen sich dann durch diese Öffnung Saft und Kerne herausdrücken.

Den Stielansatz entfernen. Die Tomaten an der runden Seite kreuzweise mit einem spitzen Messer nicht zu tief einritzen.

Tomaten ganz kurz in kochendes Wasser geben oder mit kochendem Wasser übergießen. Je nach Sorte ziehen lassen.

Dann sofort eiskalt abschrecken, die Haut abziehen und dabei auch den solaninhaltigen Blütenansatz und grüne Stellen herausschneiden.

Beim zusätzlichen Entkernen die Frucht in der Mitte durchschneiden und mit einem Teelöffel die Kerne und Flüssigkeit herauslösen.

Für Salate sauber waschen, Stielansatz kegelförmig herausschneiden und die Frucht in dünne Scheiben schneiden.

So gesund sind Tomaten

Die Tomate liebt die Sonne, und je mehr sie von ihr abbekommt, umso größer ist ihr Vitamin-C-Gehalt. Aber auch die Vitamine A, E und B-Komplex kann sie reichlich aufweisen. Dazu kommen wertvolle Mineralien wie Eisen, Magnesium, Kalium sowie hochwertiges pflanzliches Eiweiß und viele Ballaststoffe. Da die Tomate zwischen 95 % und 98 % aus Wasser besteht, ist sie ausgesprochen kalorienarm – 100 g haben nur 17 Kalorien bzw. 71 Joule.
Aufgrund ihrer wertvollen Inhaltsstoffe wirken Tomaten stärkend auf das vegetative Nervensystem und sind gut für Herz und Kreislauf.

Hauptsache Tomate

Wer einmal am Ende eines Spätsommertages eine Tomate vom Strauch gepflückt und gegessen hat, noch sonnendurchwärmt, prall, glatt und von purpursatter Farbe, der weiß, wie gut Tomaten schmecken können. Aber nicht nur solo oder auf gebuttertem Vollkornbrot sind sie ein Hochgenuss. Seit Entdeckung ihrer lukullischen Seite kennt man auch ihre Zubereitung als Sauce. Ob kalt gerührt oder sanft geköchelt, sie ist die klassische Grundlage, die erst viele Gerichte möglich macht. Was wäre eine Pizza, was wären Nudeln ohne sie?

Als Salat

Von den Italienern lernten wir, wie einfach und doch unvergleichlich gut ein Salat aus Tomaten sein kann. Und denken wir an den Vitaminreichtum, so ist ein pikant gewürzter Tomatendrink nach durchzechter Nacht die beste Medizin. Apropos Vitamine: das wertvolle Vitamin A kann vom Körper nur in Verbindung mit Fett aufgenommen werden. Deshalb empfiehlt es sich, Tomaten immer mit etwas Öl, Butter, Sahne oder Margarine zu essen.

Mit Gemüse und Kräutern

Schier unerschöpflich sind die kulinarischen Möglichkeiten, die uns die Tomate in Verbindung mit anderen Gemüsen beschert. Kaum eine Sorte, mit der sie nicht harmoniert.

Mit Fisch

Fisch und Tomate sind eine ideale Besetzung, ob es sich dabei um gekochte Speisen oder Salate handelt, ist einerlei. Sie schmecken garantiert. Probieren Sie es aus und experimentieren Sie mit verschiedenen Fischen, Krusten- und Schalentieren.

Mit Fleisch

Wer einmal Osso buco gekostet hat, die absolut harmonische Vereinigung von zartem Fleisch und süß säuerlichen Tomaten, der wird gerne in dieser Richtung weiter experimentieren. Ob junges Kaninchen, Lamm, Kalb, Rind, Schwein oder Geflügel – Tomaten geben immer wieder eine neue überraschende Geschmacksnote. Bevorzugtes Garen ist hierbei ganz sicher das Schmoren bei niedrigen Temperaturen, damit sich alle Aromen aufs innigste verbinden können, ohne dass wertvolle Inhaltsstoffe verlorengehen.

Woher die Tomate kommt

Ihre Heimat ist Peru. Dort wurde das Nachtschattengewächs schon von den Indianern als Nahrungsmittel angepflanzt und erhielt auch seinen Namen „Tomatl". Im 16. Jahrhundert brachten spanische Seefahrer die Tomatenpflanze dann mit nach Europa. Hier machte sie Karriere, doch nicht etwa als Gaumenfreude – man hielt die Früchte für hochgiftig – sondern als Zierpflanze. Ein Tomatenbäumchen im Wintergarten galt als todschick und war absolutes Muss bei feinen Leuten. Man überhäufte die schöne Exotin mit poetischen Namen wie Goldapfel, Liebes- und Paradiesapfel. Einige sind heute noch geläufig: So sagen die Italiener *Pomodoro* (Goldapfel) und die Österreicher *Paradeiser* zu Tomaten.

200 Jahre lang wurde die Urahnin der Tomate – damals noch von satter knallgelber Farbe – als Zierpflänzchen gehätschelt. Bis die Italiener ihr feines kulinarisches Gespür einsetzten und die leckeren Früchte zu gastronomischen Köstlichkeiten verarbeiteten. Doch es dauerte noch einmal 100 Jahre, bis die optisch schöne Frucht ihren Siegeszug durch deutsche Küchen antrat. Dann aber war der Appetit geweckt auf diese leuchtenden Sonnenkinder, und heute möchte keiner mehr auf die vielfältigen Verwendungsmöglichkeiten der Tomate verzichten.

Die Tomaten-Rezepte

Couscous-Salat

Pro Portion ca. 425 kcal / 1785 kJ

200 g Couscous
2 große saftige Zitronen
700 g vollreife Tomaten
1 Bund Frühlings- bzw. Lauchzwiebeln
1 kleine Salatgurke
4 Knoblauchzehen
2 frische rote Chili
1 Bund glatte Petersilie
100 g entsteinte Oliven (grün und schwarz)
3 EL Olivenöl
2 EL Sonnenblumenöl
Salz
Pfeffer
4 EL geschälte Sonnenblumenkerne

Couscous in ein mit einem Tuch ausgelegtes Sieb geben. Mit 100 ml heißem Wasser verrühren und 10 Minuten quellen lassen. Einen hohen Topf zur Hälfte mit Wasser füllen, zum Kochen bringen, das Sieb einhängen, aber so, dass es nicht mit der Flüssigkeit in Berührung kommt. Mit Deckel verschließen und über Dampf 40 Minuten garen.

Den Couscous in eine Schüssel geben, leicht auflockern und mit dem ausgepressten Saft der Zitronen übergießen. Über Nacht im Kühlschrank durchziehen lassen.

Die Tomaten überbrühen, kalt abschrecken und häuten. Die Früchte achteln. Die Zwiebeln putzen, waschen und mit dem hellen Grün in 1 cm lange Stücke schneiden.

Die Gurke dünn schälen und auf einer Rohkostreibe raffeln. Die Knoblauchzehen abziehen und fein hacken. Den Chili entkernen und in feine Ringe teilen. (Wer's sehr scharf mag, lässt die Kerne drin – aber Vorsicht – lieber erst probieren). Alles locker unter den Couscous mischen.

Die Petersilie waschen, trocken schwenken, die Blättchen von den Stielen zupfen und zusammen mit den Oliven und dem Öl unter den Salat mischen. Mit Salz und Pfeffer abschmecken.

Die Sonnenblumenkerne ohne Fettzugabe in einer Pfanne golden rösten und zum Schluss über den Salat streuen.

Feiner Muschelsalat

Pro Portion (ohne Brot) ca. 125 kcal/525 kJ

4 Jacobsmuscheln in der Schale
1/2 Zitrone | 1 mittelgroße Möhre
100 g rosa Champignons (ersatzweise Austernpilze)
150 g Cocktailtomaten
1/2 Kopf Eichblattsalat
2 TL Sherry- oder Himbeeressig
2 EL Traubenkernöl | Salz
weißer Pfeffer
20 g Butter

Zum Öffnen die Muscheln mit einem Handtuch in die rechte Hand nehmen. Die flache Schalenhälfte zeigt nach oben. Nun mit einem spitzen, kurzen, aber kräftigen Messer zwischen die Schalen fahren und den Muskel an der flachen Innenseite durchtrennen. Die obere flache Schale abnehmen, dabei die untere Schale festhalten. Mit dem Messer am Rand des Fleisches entlangfahren und die Muschel rundherum auslösen. Den grauen Bartrand vorsichtig abtrennen. Das Muschelfleisch vom Rogen (der rote Corail) trennen und in feine Scheiben schneiden. Mit Zitronensaft beträufeln.

Die Möhre schälen und raspeln. Die Champignons putzen, abreiben und in feine Scheibchen schneiden. Die Tomaten waschen, die Stielansätze herausschneiden und die Früchte halbieren.

Den Salat waschen, trocken schwenken und die Blätter in mundgerechte Stücke zerpflücken. Salat und Gemüse auf Teller verteilen. Essig mit Öl, Salz und Pfeffer verquirlen und darüber träufeln.

Die Butter erhitzen, die Muschelscheiben 2 Minuten darin dünsten. Den Rogen zufügen und nur noch heiß werden lassen. Alles auf dem Salat anrichten und sofort servieren. Dazu reicht man ofenwarmes Knoblauchbrot.

Tomaten-Vinaigrette

Pro Portion ca. 105 kcal/441 kJ

200 g vollreife Tomaten
2 EL Weißweinessig
1/2 TL Balsamicoessig
1/4 TL Salz
Pfeffer
5 EL Sonnenblumen- oder Distelöl
1 TL Nussöl
1 EL gehackte Walnüsse

Die Tomaten überbrühen, kalt abschrecken und häuten. Halbieren, Kerne und Saft herausdrücken, das Fruchtfleisch in sehr kleine Würfel schneiden.

Essig mit Salz und Pfeffer verschlagen. Das Öl langsam zufügen und zum Schluss die Tomatenwürfelchen und Nüsse unterziehen.

Tipp Die Vinaigrette ist die klassische Salatmarinade. Mit Tomaten und Nüssen verfeinert, harmoniert sie gut mit Kartoffel-, Bohnen-, Wirsing- und Linsensalaten.

Tomaten-Fenchel-Salat | Foto Seite 56

Pro Portion ca. 135 kcal / 567 kJ

700 g vollreife Tomaten
2 kleine Fenchelknollen
2 Knoblauchzehen
1 Bund Dill
5 EL Olivenöl
5 EL Rotweinessig
Salz
1 Prise Zucker
Pfeffer
1/2 TL mittelscharfer Senf

Tomaten waschen, Stielansätze herausschneiden und die Früchte in Scheiben schneiden.

Fenchel putzen, waschen und den Strunk keilförmig herausschneiden. Längs in dünne Scheiben schneiden. Mit den Tomaten abwechselnd auf einer großen Platte anrichten.

Knoblauch abziehen, in dünne Scheiben schneiden und auf dem Gemüse verteilen. Dill waschen und zupfen.

Öl mit Essig, Salz, Zucker, Pfeffer und Senf zu einer Marinade verquirlen und über den Salat träufeln. Dill darüberstreuen.

Tipp Statt Fenchel 150 g in dünne Scheiben geschnittenen Mozzarella zwischen die Tomatenscheiben schichten. Dann Basilikum darüberstreuen. Einige Fenchelsamen im Mörser zerstoßen und in die Marinade geben.

Delikatess-Tomatensauce

Pro Portion ca. 130 kcal / 546 kJ

1 kleine Möhre
$^1/_4$ kleine Sellerieknolle
$^1/_2$ dünne Stange Lauch
2 Schalotten
1 Knoblauchzehe
2 EL Sojaöl
2 zerhackte Fleischknochen
5 schwarze Pfefferkörner (zerdrückt)
1 Lorbeerblatt | 2 Gewürznelken
je 1 Zweig frischer Thymian und Rosmarin (ersatzweise je 1 Msp. getrocknete Kräuter)
30 g doppelt konzentriertes Tomatenmark
400 g Eier- oder Flaschentomaten
125 ml trockener Rotwein
Salz
Zucker
30 g eiskalte Butterwürfel

Möhre, Sellerie und Lauch waschen und putzen. Schalotten und Knoblauch abziehen. Das Gemüse zerkleinern.

Öl in einem Topf erhitzen und Gemüse darin anrösten. Knochen, Gewürze, Kräuter und Tomatenmark zufügen. 3 Minuten rösten.

Tomaten waschen, zerkleinern und zufügen. Mit Rotwein und 375 ml Wasser auffüllen. Aufkochen lassen. Bei milder Hitze 50 Minuten köcheln.

Die Knochen entfernen, die Sauce mit Salz und Zucker abschmecken und durch ein feines Sieb passieren. Wieder auf den Herd stellen und bei milder Hitze die Butterwürfelchen mit dem Saucenstab untermixen.

Tomatensuppe

Pro Portion ca. 160 kcal/672 kJ

1 Bund Suppengrün
2 Schalotten
1 kg Eiertomaten
40 g Butterschmalz
70 g Tomatenmark
1 l Gemüsebrühe (Instant)
weißer Pfeffer
1 Bund Schnittlauch

Das Suppengrün waschen und putzen. Die Schalotten abziehen. Die Tomaten waschen und die Stielansätze herausschneiden. Alles zerkleinern.

Das Fett in einem großen Topf erhitzen und das Gemüse darin andünsten. Das Tomatenmark unterrühren und mit der Brühe auffüllen. Zugedeckt 15 Minuten köcheln. Durch ein Sieb streichen und mit Pfeffer, eventuell noch Salz, abschmecken.

Den Schnittlauch waschen, trocken schwenken und in feine Röllchen schneiden. Über die Suppe streuen und servieren.

Tipp Verfeinern lässt sich diese Suppe noch mit etwas Crème fraîche, die man kurz vor dem Servieren einrührt.

Gemüse-Tomaten-Curry

Pro Portion ca. 305 kcal / 1281 kJ

500 g Brokkoli
500 g Tomaten
2 mittelgroße Zwiebeln
1 Knoblauchzehe
1 EL Butterschmalz
50 g geschälte halbierte Mandeln
4 EL Kokosflocken
1 EL englische Currypaste (ersatzweise Currypulver)
100 ml Sahne
Salz
weißer Pfeffer

Den Brokkoli waschen, putzen und in gleichmäßige Röschen brechen. Dicke Stiele dünn schälen und in 1 cm dünne Scheiben schneiden. Das Gemüse in kochendem Salzwasser 3 Minuten blanchieren, abgießen, in Eiswasser kurz abschrecken, gut abtropfen lassen.

Die Tomaten überbrühen, kalt abschrecken und häuten. In Achtel schneiden und dabei gleich die Stielansätze entfernen.

Die Zwiebeln und Knoblauch abziehen und fein hacken. In dem erhitzten Fett andünsten. Die Mandeln und die Kokosflocken zufügen, alles leicht bräunen.

Die Currypaste unterrühren und mit der Sahne auffüllen. 3 Minuten köcheln lassen. Den Brokkoli und die Tomaten untermischen. Mit Salz und Pfeffer würzen.

Spinat-Tomaten

Pro Portion ca. 220 kcal/924 kJ

4 vollreife,
nicht zu große Fleischtomaten
Salz
Pfeffer
500 g junger Blattspinat
2 Schalotten
10 g Butter
50 g Pinienkerne
4 EL Hollandaise (Fertigprodukt)
2 EL geschlagene Sahne

Die Tomaten überbrühen, kalt abschrecken und häuten. Quer halbieren und mit einem Löffel vorsichtig die Kerne herausheben. Die ausgehöhlten Früchte salzen, pfeffern und umgekehrt auf einem Gitteruntersatz austropfen lassen.

Den Spinat verlesen, gut waschen und die Blätter von den Stielen zupfen. Abgetropft in kochendem Salzwasser 1 Minute sprudelnd kochen, abgießen und in Eiswasser abschrecken. Abtropfen lassen und gut ausdrücken.

Die Schalotten abziehen und fein hacken. Die Butter bräunen, Zwiebeln und das ausgehöhlte gehackte Tomatenfleisch darin andünsten. Den Spinat zufügen und 2 Minuten dünsten. Mit etwas Salz und Pfeffer abschmecken. Zum Schluss die Pinienkerne unterziehen. In die Tomaten füllen.

Die Hollandaise nach Packungsanweisung erwärmen und mit der Schlagsahne abrunden. Über die Füllung der Tomaten ziehen. Unterm Grill oder im vorgeheizten Backofen bei starker Oberhitze gratinieren.

Tomaten-Basilikum-Terrine

Für 6 Portionen, pro Portion ca. 330 kcal/1386 kJ

10 Blatt weiße Gelatine
120 g Schalotten | 40 g Butter
600 g vollreife Tomaten
2 EL Tomatenmark
1/2 TL getrockneter Majoran
1 Msp. getrockneter Thymian
1 Prise gemahlener Oregano
1 frischer Zweig Zitronenmelisse
Salz | weißer Pfeffer
Cayennepfeffer | 1 EL Sherryessig
1 Prise Zucker | 2–3 Bund Basilikum
20 g glatte Petersilie
100 ml Kalbsfond (aus dem Glas)
2 EL Mascarpone
schwarzer Pfeffer
2 TL Zitronensaft | 400 g Sahne

Je 5 Blatt Gelatine in kaltem Wasser einweichen.

Die Schalotten abziehen, fein würfeln und in der Butter glasig dünsten. Die Tomaten überbrühen, kalt abschrecken, häuten und das Fruchtfleisch würfeln. Mit der Hälfte der glasig gedünsteten Schalotten sorgfältig vermischen.

Auf den Herd stellen und das Tomatenmark unterrühren, Majoran, Thymian, Oregano und die abgezupften Melisseblättchen zufügen. Alles bei milder Hitze zu Mus kochen. Durch ein Sieb passieren. Mit Salz, Pfeffer, Cayenne, Essig und Zucker abschmecken. 5 Blatt gut ausgedrückte Gelatine in der heißen Masse auflösen. Kühlstellen.

Basilikum und Petersilie waschen, trocken schwenken und zusammen mit den Stielen fein hacken. Mit den restlichen Zwiebeln mischen. Bei milder Hitze 5 Minuten dünsten. Mit dem Kalbsfond auffüllen, die Mascarpone unterrühren und 5 Minuten köcheln lassen. Im Mixer oder mit dem Saucenstab fein pürieren und durch ein Sieb streichen. Mit Pfeffer und etwas Zitronensaft würzen. Die restliche Gelatine darin auflösen und kaltstellen.

Die Sahne steif schlagen und jeweils die Hälfte unter jede der gelierenden Mousses ziehen. Eventuell noch etwas nachwürzen.

Eine Kastenform, 22 cm Länge, abwechselnd mit der Tomatenmousse und der Basilikummousse ausfüllen. Jede Schicht glattstreichen und leicht anfrieren lassen. Zum Schluss mindestens 5 Stunden kühlstellen. Dann kann die Terrine gestürzt werden. Am besten mit einem elektrischen Messer in Scheiben schneiden.

Tomaten-Pilz-Gratin

Pro Portion ca. 655 kcal/2751 kJ

150 g durchwachsener Speck
1 große Zwiebel
80 g Semmelbrösel
150 g geriebener Emmentaler
Pfeffer
Muskatnuss | 750 g Fleischtomaten
250 g Austernpilze | 40 g Knoblauchbutter
5–6 Salbeiblätter | 100 ml Sahne

Den Speck würfeln und in einer Pfanne auslassen. Die Zwiebel abziehen, würfeln und in dem Speckfett glasig dünsten. Vom Herd nehmen.

Die Semmelbrösel und den Käse unter die abgekühlte Speck-Zwiebelmasse geben. Mit Pfeffer und etwas abgeriebener Muskatnuss würzen.

Die Tomaten überbrühen, kalt abschrecken und häuten. Die Stielansätze entfernen und die Früchte in gleichmäßige dünne Scheiben schneiden. Die Pilze abreiben und in breite Streifen teilen.

Eine flache feuerfeste Gratinform mit der Knoblauchbutter ausstreichen. Mit den Salbeiblättchen auslegen und die Tomaten mit den Pilzen fächerförmig einschichten.

Mit der Brösel-Käse-Speckmischung abdecken, mit Sahne übergießen und im vorgeheizten Backofen auf der mittleren Schiene bei 200 °C (Gas: Stufe 3) 40 Minuten goldbraun backen. Wird die Kruste zu dunkel, das Gratin entweder mit Alufolie abdecken oder auf die unterste Schiene geben.

Tipp Dieses Gratin kann auch sehr gut mit gekochten Kartoffeln oder anderen Gemüseresten zubereitet werden.

Tomaten-Biskuitrolle

Für 4–6 Portionen, pro Portion ca. 685 kcal/2877 kJ

4 Eier | 40 g Butter
Salz | weißer Pfeffer
2 EL doppelt konzentriertes Tomatenmark
1/2 TL getrockneter Thymian
80 g Weizenmehl (Type 405)
1 Msp. Backpulver
Fett fürs Blech (oder Back-Trennpapier)

250 g weicher Camembert oder Brie (40 % Fett i. Tr.)
50 g Butter | 200 g Sahnequark
1 mittelgroße Zwiebel
1 Bund Schnittlauch
1 Bund glatte Petersilie
50 g gehackte Walnüsse

Die Eier trennen, Eigelb mit der Butter, etwas Salz und Pfeffer schaumig rühren. Tomatenmark und Thymian zufügen und alles glatt verrühren. Das Eiweiß zu sehr steifem Schnee schlagen. Zusammen mit dem durchgesiebten Mehl und Backpulver sorgfältig unter die Eiermasse ziehen.

Ein Backblech mit Fett auspinseln oder mit Back-Trennpapier auslegen. Teig dünn darauf verstreichen, in den vorgeheizten Backofen schieben. Bei 180 °C 15 bis 20 Minuten backen.

Den Camembert mit einer Gabel zerdrücken und mit Butter und Sahnequark zu einer Creme verrühren. Die Zwiebel abziehen, die Kräuter waschen und trocken schwenken. Alles fein hacken und zufügen. Mit Salz und Pfeffer abschmecken. Kühlstellen.

Den fertigen Biskuit auf ein frisches Küchenhandtuch stürzen, das Papier abziehen – wenn es verwendet wurde – und mit Hilfe des Handtuchs den Biskuit aufrollen. Abgekühlt wieder entrollen, mit der Käsecreme bestreichen, mit den Nüssen bestreuen und wieder aufrollen. Kühlstellen und in Scheiben schneiden.

Tomaten mit Nudelfüllung im Gemüsebett

Pro Portion ca. 495 kcal/2079 kJ

100 g Buchstabennudeln | Salz
200 g frische Champignons
1 EL Butterschmalz | 4 Fleischtomaten
weißer Pfeffer
2 große Zwiebeln | 500 g Zucchini
3 EL Sojaöl | 2 Knoblauchzehen
2 Bund glatte Petersilie
100 g frisch geriebener Parmesan
2 EL Sahne | 150 g Schafskäse
1 Bund Basilikum

Nudeln in kochendem Salzwasser 2 Minuten garen, abgießen und kurz unter kaltem Wasser abschrecken. Champignons putzen, abreiben, würfeln. Im erhitzten Butterschmalz 5 Minuten dünsten. Die Tomaten waschen. Jeweils das obere Drittel als Deckel abschneiden und das Tomatenfleisch mit einem Löffel herauskratzen. Durch ein Sieb passieren. Die ausgehöhlten Tomaten mit Salz und Pfeffer ausstreuen und auf einem Gitteruntersatz umgekehrt abtropfen lassen.

Die Zwiebeln abziehen. Die Zucchini waschen und die Stielansätze abschneiden. Beide Gemüse in dünne Scheiben schneiden und in dem erhitzten Öl glasig dünsten. Knoblauch schälen und durch die Presse auf das Gemüse drücken. Mit Pfeffer und Salz würzen. Die Petersilie waschen, trocken schwenken und fein hacken. Zusammen mit dem Parmesan und der Sahne unter das Tomatenpüree geben. Mit Pfeffer würzen. Nudeln und Champignons untermischen. In die Tomaten füllen.

Eine große flache Auflaufform mit dem Zweibel-Zucchini-Gemüse auslegen. Die Tomaten darauf verteilen. Den Schafskäse in gleichmäßig dünne Scheiben schneiden, auf Tomaten und Gemüse geben. Die Tomatendeckel wieder aufsetzen. Im vorgeheizten Backofen auf der mittleren Schiene bei 200 °C 15 Minuten überbacken. Mit fein gehacktem Basilikum bestreuen.

Tomaten-Risotto

Pro Portion ca. 480 kcal/2016 kJ

100 g Zwiebeln
4 EL Butter
300 g italienischer Rundkornreis
700 g vollreife Tomaten
200 ml trockener Weißwein
700 ml Fleisch- oder Gemüsebrühe (Instant)
1/2 Bund frischer Oregano (ersatzweise 1/2 TL getrocknete Blättchen)
1/2 Bund glatte Petersilie
weißer Pfeffer
50 g geriebener Parmesan

Zwiebeln abziehen und in feine Würfel schneiden. Die Hälfte der Butter erhitzen und Zwiebeln darin glasig dünsten. Reis zufügen und unter Rühren andünsten, bis alle Körner von einem leichten Fettfilm überzogen sind.

Die Tomaten überbrühen, kalt abschrecken und häuten. Die Früchte vierteln, die Stielansätze herausschneiden und das Fruchtfleisch würfeln. Zum Reis geben.

Den Weißwein angießen, bei mittlerer Hitze unter ständigem Rühren einköcheln. Die Flüssigkeit sollte vollkommen aufgesogen sein. Nach und nach die Brühe dazugießen, aber immer wieder zwischendurch warten, bis die Flüssigkeit aufgenommen wurde. Öfter umrühren.

Die Kräuter waschen, trocken schwenken und fein hacken. Wenn der Risotto fertig ist, d.h. die Reiskörner sind weich, haben aber noch einen festen Kern, die Kräuter unterziehen.

Den Topf vom Herd nehmen und die restliche Butter zusammen mit dem Käse untermischen.

Tomaten provençale

Pro Portion ca. 235 kcal/985 kJ

4–6 große feste Fleischtomaten
Salz | Pfeffer
4–6 EL Brotbrösel
$^1/_2$ Bund glatte Petersilie
1 Zweiglein Thymian
2 gepresste Knoblauchzehen
4 EL Olivenöl (extra vergine)
1 TL abgeriebene Orangen- oder Zitronenschale
Olivenöl für die Form

Die Tomaten waschen und Stielansätze entfernen. Waagrecht halbieren und Schnittflächen salzen und pfeffern.

Brotbrösel mit fein gehackten Kräutern, gepresstem Knoblauch, Olivenöl und Orangen- oder Zitronenschale zu einer festen Paste vermischen.

Die gewürzten Schnittflächen der Tomaten damit ca. $^1/_2$ cm dick bestreichen.

Tomaten dicht nebeneinander in eine gut gefettete feuerfeste flache Form setzen. Auf der Mittelschiene im auf 220 °C vorgeheizten Backofen 10 bis 15 Minuten überbacken. Heiß oder kalt zu gegrilltem Lamm oder Geflügel oder zu kaltem Braten und Siedefleisch servieren.

Tomatenpfanne mit Krabben

Pro Portion ca. 300 kcal / 1260 kJ

700 g Kartoffeln
500 g Tomaten
2 Zwiebeln
3 EL Sonnenblumenöl
2 EL Butter
Salz
Pfeffer
1 TL getrockneter Majoran
150 g Nordseekrabbenfleisch
1 Beet Kresse

Die Kartoffeln kochen, abgießen, pellen und auskühlen lassen. In gleichmäßig dünne Scheiben schneiden. Die Tomaten überbrühen, kalt abschrecken und häuten. In Achtel schneiden und die Stielansätze entfernen. Die Zwiebeln abziehen und in Ringe hobeln.

Das Öl mit der Butter in einer großen schweren Pfanne erhitzen. Die Kartoffeln von allen Seiten knusprig braten. Die Zwiebeln zufügen und Farbe nehmen lassen. Die Tomaten untermischen. Mit Salz, Pfeffer und Majoran würzen.

Nach 5 Minuten die Krabben dazugeben und unter Schütteln der Pfanne heiß werden lassen. Mit der abgeschnittenen Kresse bestreuen und gleich servieren.

Schollenfilets in Tomatenbutter

Pro Portion ca. 330 kcal / 1386 kJ

100 g Butter
500 g vollreife Tomaten
600 g Schollenfilets (frisch oder TK)
1 Zitrone
Salz
weißer Pfeffer
20 g frischer Kerbel

Von der Butter 60 g ins Tiefkühlfach geben. Die Tomaten überbrühen, kalt abschrecken und häuten. Die Früchte halbieren, die Kerne und den Saft herausdrücken, das Fruchtfleisch in kleine Würfel schneiden. In einem Esslöffel geschmolzener Butter 2 Minuten andünsten. Vom Herd nehmen.

Die Schollenfilets mit Zitronensaft beträufeln, salzen und pfeffern und in der restlichen erhitzten Butter von jeder Seite 1 Minute goldbraun braten. Mit Folie abdecken und warmstellen.

Die Tomatenwürfel wieder erhitzen. Bei milder Hitze nach und nach die eiskalte, in Stückchen geschnittene Butter mit dem elektrischen Saucenstab oder dem Schneebesen unterschlagen, bis eine cremige Bindung entsteht.

Die Sauce auf die vorgewärmten Teller mit den Schollenfilets anrichten, mit fein gehacktem Kerbel bestreuen.

Osso Buco mit Tomaten

Pro Portion ca. 330 kcal/1386 kJ

2 EL Distelöl
1 EL Butter oder Margarine
4 Scheiben Kalbshaxe à 200 g
1 mittelgroße Zwiebel
1–2 Knoblauchzehen
Salz
Pfeffer
1 EL getrocknete oder tiefgekühlte Kräuter der Provence
7–8 EL trockener Marsala-Wein
700 g vollreife Tomaten
250 ml Fleischbrühe (Instant)
1 Bund glatte Petersilie

Das Öl mit der Butter in einer großen, ofenfesten Kasserolle erhitzen. Die Fleischscheiben zufügen und von jeder Seite kurz bräunen. Zwiebel und Knoblauch abziehen, fein hacken und mitdünsten. Alles gut mit Salz, Pfeffer und Kräutern würzen. Mit dem Marsala begießen und schmoren, bis die Flüssigkeit verdunstet ist.

Die Tomaten überbrühen, kalt abschrecken und häuten. Die Stielansätze herausschneiden und die Früchte grob würfeln. Über das Fleisch geben und mit der Brühe auffüllen, die Fleischstücke sollten ganz bedeckt sein. Zugedeckt im Ofen bei 180 °C etwa 80 Minuten schmoren. Zum Schluss mit der gehackten Petersilie bestreuen. Mit Tomaten-Risotto (Rezept Seite 79) servieren.

Gefüllte Pfannkuchen

Pro Portion ca. 810 kcal/3402 kJ

100 g Weizenvollkornmehl
125 g Weizenmehl (Type 405)
4 Eier | 250 ml Milch
150 ml Mineralwasser | 1/2 TL Salz
1 mittelgroße Zwiebel | 1 EL Sojaöl
400 g gemischtes Hackfleisch
2 EL doppelt konzentriertes Tomatenmark
weißer Pfeffer | Salz
500 g vollreife Tomaten | 8 EL Sojaöl
100 g Schafskäse | 1 Bund glatte Petersilie

Die Mehle miteinander vermischen. Eier, Milch und Mineralwasser zufügen und alles kräftig miteinander zu einem glatten Teig verquirlen. Mit dem Salz würzen. 40 Minuten ruhen lassen.

Die Zwiebel abziehen und klein würfeln. In dem erhitzten Öl glasig dünsten. Das Hackfleisch zufügen und krümelig braten. Mit Tomatenmark, Pfeffer und etwas Salz würzen. Zugedeckt etwa 20 Minuten garen.

Die Tomaten überbrühen, kalt abschrecken und häuten. die Stielansätze entfernen und die Früchte in gleichmäßige dünne Scheiben schneiden.

Jeweils 1 Esslöffel Öl in einer Pfanne erhitzen. 4 bis 5 Tomatenscheiben hineinlegen. Eine kleine Kelle Teig darüber geben. Die Pfanne hin und her bewegen, so dass der Pfannenboden ganz mit Teig ausgefüllt ist. Beginnt der Rand sich zu bräunen, den Pfannkuchen mit Hilfe eines passenden Deckels umdrehen und fertig garen. Nacheinander 8 Pfannkuchen backen. Die fertigen Pfannkuchen im Backofen warmhalten.

Den Schafskäse unter die Fleischmischung bröckeln und zerlaufen lassen. Die Petersilie waschen, trocken schwenken, grob hacken und zufügen. Die Füllung auf die einzelnen Pfannkuchen verteilen und diese zusammenklappen.

Tomaten-Hähnchen-Sugo

Pro Portion ca. 260 kcal / 1092 kJ

300 g Hähnchenbrustfleisch
2 mittelgroße Zwiebeln
1 EL Butter
2 EL Sojaöl
Salz
Pfeffer
$^{1}/_{2}$ große Dose geschälte Tomaten
2 Knoblauchzehen
$^{1}/_{2}$ Bund Basilikum und Petersilie
2 EL Pinienkerne
getrockneter Salbei und Oregano

Das Hähnchenbrustfleisch in feine Streifen oder Scheiben schneiden. Die Zwiebeln abziehen und fein würfeln. Die Butter mit dem Öl in einer Kasserolle erhitzen. Fleisch und Zwiebeln darin anbraten. Würzen.

Die Tomaten mit dem Saft in einem elektrischen Mixer pürieren. Die Knoblauchzehen abziehen, fein würfeln. Die Kräuter waschen, trocken schwenken und hacken. Die Pinienkerne im Mörser zerquetschen. Alles zu den Tomaten geben und nochmals pürieren. Mit je einer Prise Salbei und Oregano abschmecken.

Tomatensugo über das Hähnchenfleisch gießen und zugedeckt im Ofen bei 180 °C oder auf dem Herd bei mittlerer Hitze 20 Minuten schmoren.

Tipp Dazu schmeckt Reis. Streuen Sie zusätzlich einige Pinienkerne über die angerichteten Teller.

Rindersteaks mit Tomatenkruste

Pro Portion ca. 350 kcal / 1470 kJ

500 g vollreife Tomaten
1–2 Knoblauchzehen
1 EL Butter oder Margarine
Salz
1 Prise Zucker
weißer Pfeffer
2–3 EL Sonnenblumenöl
4 Rinderfiletsteaks à 150 g
2 EL Crème double
4 EL frisch geriebener Parmesan
1 EL eingelegte grüne Pfefferkörner

Die Tomaten überbrühen, kalt abschrecken und häuten. In Achtel schneiden und die Stielansätze entfernen. Die Knoblauchzehen abziehen und fein hacken.

Das Fett in einer Pfanne erhitzen, den Knoblauch und die Tomaten darin andünsten. Mit Salz, Zucker und etwas Pfeffer würzen und unter häufigem Rühren dick einkochen lassen.

Das Öl erhitzen und die Steaks von jeder Seite 3 Minuten braten. Mit Salz und Pfeffer würzen, in Alufolie einpacken und 7 Minuten nachziehen lassen.

Das Tomatenpüree mit der Crème double verrühren, eventuell nochmals abschmecken. Die Steaks aus der Folie nehmen und in eine flache feuerfeste Auflaufform legen. Mit der Tomatencreme überziehen und jeweils dick mit Parmesan bestreuen. Unterm heißen Grill oder im Backofen bei starker Oberhitze gratinieren. Den Pfeffer im Mörser grob zerkleinern und zum Schluss über die Steaks streuen.
Als Beilage eignen sich frisch geröstetes Knoblauchbrot und Grilltomaten.

Fleischbällchen auf Tomaten

Pro Portion ca. 490 kcal/2058 kJ

1 Semmel | 400 g gemischtes Hackfleisch
1 Zwiebel | 1 Ei | 1 Eigelb
2 EL Magerquark | 2 EL mittelscharfer Senf
Salz | Pfeffer
edelsüßer Paprika
1 EL fein gehackte Petersilie
4 EL Sesamsamen

400 g vollreife Tomaten
300 g gelbe Tomaten
2 mittelgroße Zwiebeln
5 EL Sonnenblumenöl
1 Prise Zucker
1 TL getrockneter Thymian
1/2 TL getrockneter Majoran

Die Semmel in etwas Wasser einweichen, gut ausdrücken und mit dem Hackfleisch vermischen. Die Zwiebel abziehen und fein hacken. Zusammen mit Ei, Eigelb, Quark und Senf zufügen. Mit Salz, Pfeffer und Paprika würzen, die Petersilie untermischen und abschmecken.

Aus dem Teig mit feuchten Händen Klöße in der Größe von Ping-Pong-Bällen formen und in dem Sesam wälzen.

Die Tomaten überbrühen, kalt abschrecken und häuten. In Achtel schneiden und die Stielansätze entfernen. Die Zwiebeln abziehen und in Scheiben schneiden.

Ca. 4 Esslöffel Öl in einer großen schweren Pfanne erhitzen. Die Fleischbällchen hineingeben und scharf von allen Seiten anbraten. Die Hitze reduzieren und die Bällchen unter gelegentlichem Schütteln der Pfanne fertig garen.

Das restliche Öl erhitzen, Zwiebeln darin glasig dünsten, die Tomaten zufügen, mit Salz, Pfeffer und Zucker würzen, die Kräuter darüber streuen und zugedeckt 3 Minuten dünsten. Die fertigen Fleischbällchen auf dem Gemüse anrichten.

Alphabetisches Rezeptverzeichnis